BEI GRIN MACHT SICH IHR
WISSEN BEZAHLT

Bibliografische Information der Deutschen Nationalbibliothek:

Die Deutsche Bibliothek verzeichnet diese Publikation in der Deutschen National-bibliografie; detaillierte bibliografische Daten sind im Internet über http://dnb.d-nb.de/ abrufbar.

Impressum:

Copyright © 2017 GRIN Verlag
Druck und Bindung: Books on Demand GmbH, Norderstedt Germany
ISBN: 9783668732421

Dieses Buch bei GRIN:

https://www.grin.com/document/428903

Mandy Schmiedel

Trainingsplan zur Senkung von Körperfettanteil, Ruhe- puls und Blutdruck

GRIN Verlag

GRIN - Your knowledge has value

Der GRIN Verlag publiziert seit 1998 wissenschaftliche Arbeiten von Studenten, Hochschullehrern und anderen Akademikern als eBook und gedrucktes Buch. Die Verlagswebsite www.grin.com ist die ideale Plattform zur Veröffentlichung von Hausarbeiten, Abschlussarbeiten, wissenschaftlichen Aufsätzen, Dissertationen und Fachbüchern.

Besuchen Sie uns im Internet:

http://www.grin.com/

http://www.facebook.com/grincom

http://www.twitter.com/grin_com

Deutsche Hochschule für

Prävention und Gesundheitsmanagement

Hermann Neuberger Sportschule 3

66123 Saarbrücken

Einsendeaufgabe

Fachmodul: Trainingslehre II

Studiengang: Bachelor Fitnessökonomie

Datum

Präsenzphase   **12.06.2017 – 13.06.2017**

Name, Vorname: Schmiedel, Mandy

Studienort: **Saarbrücken**

Semester: **Sommer 2016**

Inhaltsverzeichnis

1 Diagnose

1.1 Allgemeine und biometrische Daten

1.1.1 Allgemeine Daten des Kunden

Tabelle 1: Allgemeine Daten des Klienten

Alter:	28 Jahre
Geschlecht:	weiblich
Körpergröße:	173 cm
Körpergewicht:	80 kg
Trainingsmotive:	Reduzierung des Körpergewichts und Körperfettanteil sowie Steigerung der Körpergesundheit.
Berufliche Tätigkeit	Büroangestellte, hauptsächlich sitzende Tätigkeit
Frühere sportliche Aktivitäten: - Leistungsstufe - Trainingsumfang	- Anfänger - 1-2 x wöchentlich 30 min. leichtes Ausdauertraining ohne Trainingsplanung.
Aktuelle sportliche Aktivitäten: - Leistungsstufe - Trainingsumfang	- moderate Ausdauerfähigkeit - 2-3x wöchentlich 30-60 minütiges Ausdauertraining ohne Trainingsplanung
Zeitlicher Verfügungsrahmen	3x pro Woche á 60-90 Minuten

1.1.2 Biometrische Daten des Kunden

Tabelle 2: Biometrische Daten des Kunden

Allgemeiner Gesundheitszustand: - orthopädische Probleme - internistische Probleme - aktuell in ärztlicher Behandlung - Einnahme von Medikamenten - sonstige Gesundheitlichen Einschränkungen	- Keine orthopädischen Probleme - Keine internistischen Probleme - Nicht in ärztlicher Behandlung - Keine Einnahme von Medikamenten - Keine sonstigen gesundheitlichen Einschränkungen
Blutdruck:	129/81 mmHg – Normalbereich – (vgl. Tabl. 3)
Ruhepuls:	71 S/min – Normalbereich (vgl. Weineck, 2003, S. 50).
Körperfettanteil:	32,00% - Normalbereich – vgl. mit der Klassifikation des Körperfettanteil (KFA) für erwachsene Frauen und Männer bis 79 Jahre (Gallagher et al., 2000).
BMI:	20,2 kg/m^2 – Normalgewicht – vgl. mit der Beurteilung des Body-Mass-Indexes für Erwachsene (BMI) (World Health Organization, 2000).

Tabelle 3: Blutdruckklassifikation der American Hearth Association (modifiziert nach Mancia et al., 2013, S. 1286)

Bewertungsstufen	Systolischer Blutdruck	Diastolischer Blutdruck
Normalblutdruck (Normotonie)		
optimal	unter 120 mmHg	Unter 80 mmHg
normal	unter 130 mmHg	Unter 85 mmHg
hochnormal	130-139 mmHg	85-89 mmHg
Bluthochdruck (arterielle Hypertonie)		
Stufe 1	140-159 mmHg	90-99 mmHg
Stufe 2	160-179 mmHg	100-109 mmHg
Stufe 3	> 180 mmHg	> 110 mmHg

1.2 Leistungsdiagnostik/Ausdauertestung

Um einen effektiven Trainingsplan erstellen zu können, sollte vor der eigentlichen Trainingsplanung das Leistungsniveau des Kunden mittels Ausdauertestung ermittelt werden. Die Ausdauertestung erfolgt mittels Hollmann- Venrath- Test (H & V-Test) am Radergometer. Der H & V-Test beinhaltet eine submaximale Belastung bei einer Stufendauer von 3 Minuten. Die Kundin ist jung, gesund und hat mit 2-3 wöchentlichen Ausdauereinheiten á 30-60 Minuten eine gute Grundausdauer erlangt. Die Belastungssteigerung pro Stufe beträgt beim H & V-Test 40 Watt, aufgrund der guten Grundausdauer, kann der Testperson eine Belastung von mindestens 150 Watt zugetraut werden. Eine Testung für Trainingsanfänger nach WHO mit einer 25-Watt-Stufensteigung, bei einer Stufendauer von 2 Minuten, ist bei der Person als zu zeitintensiv einzustufen und wird dem Trainingsniveau nicht gerecht. Zunächst wird die Zielherzfrequenz unter Berücksichtigung der Ruheherzfrequenz und des Lebensalters mittels IPN ermittelt. Aus der Tabelle 4 wird die Zielherzfrequenz des Kunden von 145 S/min abgelesen und dient gleichzeitig im H & V-Test als Pulsobergrenze.

Tabelle 4: Auszug aus der Tabelle zur Voreinstufung nach Ruheherzfrequenz und Lebensalter (modifiziert nach Trunz, 2001; IPN, 2004, S.4)

Alter/ HfRuhe	< 20	20-29	30-39	40-49	50-59	60-69	> 70
< 50 S/min	140 S/min	135 S/min	130 S/min	125 S/min	115 S/min	110 S/min	105 S/min
50-59 S/min	145 S/min	140 S/min	135 S/min	125 S/min	120 S/min	115 S/min	110 S/min
60-69 S/min	145 S/min	145 S/min	135 S/min	130 S/min	125 S/min	120 S/min	115 S/min
70-79 S/min	150 S/min	145 S/min	140 S/min	135 S/min	130 S/min	125 S/min	125 S/min

Der Radergometertest wird mit einer Eingangsbelastung von 30 Watt gestartet. Alle 3 Minuten erfolgt eine Stufensteigerung von 40 Watt. Die Trittfrequenz liegt konstant zwischen 60-80 Umdrehungen pro Minute (U/min) während des ganzen Testverlaufes. Ein Testabbruch erfolgt, sobald die Testperson die festgelegte Zielherzfrequenz von 145 S/min erreicht hat oder subjektive Beschwerden auftreten. Zur Dokumentation und Kontrolle wird die Herzfrequenz minütlich gemessen und in das Testprotokoll eingetragen. Ist die Zielherzfrequenz von 145 S/min erreicht, wird die erreichte Stufe zu Ende gefahren und die erbrachte Wattleistung zeitinterpoliert protokolliert. Wird die Zielherzfrequenz schon bereits nach ein oder zwei Minuten der aktuellen Stufe erreicht, ist die Wattleistung mit einem oder zwei dritteln zu bewerten. Mit der erreichten Wattleistung wird die relative Watt-Soll-Leistung (Watt/kg KG) ermittelt und mit den Normwerten in Tabelle 5 passend zum Alter und Geschlecht verglichen. Als Testergebnis erhält man nun den Intensitäts- bzw. Belastungsfaktor entsprechend der erbrachten Watt-Soll-Leistung zum Errechnen der optimalen Trainingsherzfrequenz.

Tabelle 5: Testprotokoll des Radergometer-Leistungstests nach Hollmann & Venrath

Zeit in Minuten	Watt	Hf1	Hf2	Hf3
00:00 – 03:00	30	83 S/min	85 S/min	88 S/min
03:00 – 06:00	70	92 S/min	99 S/min	103 S/min
06:00 – 09:00	110	106 S/min	110 S/min	116 S/min
09:00 – 12:00	150	119 S/min	126 S/min	127 S/min
12:00 – 15:00	190	135 S/min	141 S/min	145S/min
15:00 – 18:00	230	---	---	---

Der Testabbruch erfolgte bei Erreichen der Zielherzfrequenz von 145 S/min in Minute fünfzehn, in dem die aktuelle Stufe mit einer Wattleistung von 190 Watt zu Ende gefahren und anschließend beendet wurde.

$$\frac{190\,Watt}{60kg} = 2,4\,Watt/kg\,KG$$

Die relative Watt-Soll-Leistung beträgt 2,4 Watt/kg Körpergewicht.

Tabelle 6: Auszug aus der Normtabelle für submaximale Radergometertests - Relative Watt-Soll-Leistung (Watt pro kg) bei Frauen (modifiziert nach IPN, 2004, S.8)

Alter / Intensität	< 30	30-34	35-39	40-44	45-49	50-54	55-59	> 60	Bewertung
0,65	2,4	2,28	2,16	2,04	1,92	1,80	1,68	1,56	☺

Nach dem Radergometertest kann die Testperson als überdurchschnittlich gut ausdauertrainiert eingestuft werden und mittels Belastungsfaktor von 0,65 die optimale Herzfrequenz anhand der Karvonen Formel ermittelt werden (IPN, 2004, S.10).

1.3 Gesundheits- und Leistungsstatus der Person

Es liegen laut Anamnese keine gesundheitlichen Einschränkungen vor, auch der Blutdruck befindet sich im Normalbereich (vgl. Tabelle 3). Die Ausdauertestung hat bestätigt, dass der Kunde bereits eine überdurchschnittlich gute Ausdauerleistungsfähigkeit durch sein aktuelles Training erreichen konnte. Durch die überdurchschnittlich gute Ausdauerleistungsfähigkeit und dem aktuellen Gesundheitsstatus, kann der Kunde demnach als voll belastbar eingestuft werden.

2 Zielsetzung/Prognose

Nach einer ausführlichen Diagnose erfolgt nach dem 5-Stufen Model der Trainingssteuerung im Ausdauertraining eine Zielsetzung in Anlehnung an die aktuellen Trainingsmotive des Kunden (Kettenis & Eifler, 2016, S.39). Die Formulierung der Zielsetzung wird mittels SMART-Formel erhoben, die Zielformulierung wird daher möglichst spezifisch, messbar, anspruchsvoll, relevant und termingebunden verfasst (Voss, 2006, S.71).

Folgende Ziele werden mittels SMART-Formel in Anlehnung an die Kundenwünsche erhoben:

2.1.1 Senkung des Körperfettanteil

Der Kunde wünscht eine Verringerung des Körperfettanteils um sein äußerliches Erscheinungsbild zu verbessern. Durch ein entsprechendes Ausdauertraining in Kombination mit einem dazu passendem Ernährungsplan, kann der Körperfettanteil um 2% innerhalb eines Zeitraums von 12 Wochen gesenkt werden.

2.1.2 Senkung des Ruhepulses

Ein Anzeichen für eine gute Ausdauerleistungsfähigkeit des Herz-Kreislauf-Systems bietet der Ruhepuls, er liegt bei Untrainierten zwischen 69 und 80 Schläge (Weineck, 2003, S.50). Um das Herz-Kreislauf-System des Kunden weiter zu verbessern, wird die Senkung des Ruhepulses um 5-6 Schläge innerhalb von 12 Wochen angestrebt.

2.1.3 Senkung der Blutdruckwerte

Die Blutdruckwerte des Kunden liegen mit 129/81 mmHg im Normalbereich. Das langfristige Ziel des Ausdauertrainingsplanes ist es, die Werte in einen optimalen Bereich von unter 180/120 mmHg zu senken (vgl. Tabelle 3). Um dieses Ziel zu erreichen, wird zunächst eine Senkung der Werte von 5 mmHg systolisch und 2-3 mmHg diastolisch in einem Zeitraum von 12 Wochen festgelegt. Damit kann die Körpergesundheit des Kunden weiter verbessert werden.

3 Trainingsplanung Mesozyklus

3.1 Grobplanung Mesozyklus

Tabelle 7: Grobplanung Mesozyklus

Grobplanung Mesozyklus	
Dauer Mesozyklus	6 Wochen
Trainingsziele	Verbesserung der Grundlagenausdauer Senkung des Körperfettanteils
Trainingshäufigkeit pro Woche	2-3 mal
Dauer pro Trainingseinheit	- 70-80 Minuten (regenerativ) - 45-90 Minuten (extensiv) - 30-45 Minuten (variabel) - 30 Minuten (intensiv)
Trainingsumfang pro Woche	145-190 Minuten
Trainingsmethoden	- extensive Dauermethode - variable Dauermethode - intensive Dauermethode
Trainingsintensitäten Hf_{max} = 220-Lebensalter (192 S/min)	- 50-60% Hf_{max} (regenerative Dauermethode) - 60-75% Hf_{max} (extensive Dauermethode) - 70-85% Hf_{max} (variable Dauermethode) - 80-85% Hf_{max} (intensive Dauermethode)
Trainingsgeräte	Laufband, Ruderergometer, Crosstrainer, Fahrrad

3.2 Detailplanung Mesozyklus

Tabelle 8: Detailplanung Mesozyklus

Woche 1	Dienstag	Donnerstag	Sonntag
Trainingsziel	GA 1	GA 2	GA 1
Tr.-Methode	Extensive DM	Variable DM	Extensive DM
Tr.-Intensität in % der Hf_{max}	70-75% (134-144 S/min)	70-75% extensiv (134-144 S/min)	60-75% (115-144 S/min)
		80-85% intensiv 154-163 S/min	
Tr.-Dauer	45 Minuten	40 Minuten 10:10*	60 Minuten
Tr.-Gerät	Laufband	Ruderergometer	Crosstrainer
Tr.-Umfang	Woche 1: 145 Minuten		
Woche 2	Dienstag	Donnerstag	Sonntag
Trainingsziel	GA 1	GA 2	RECOM
Tr.-Methode	Extensive DM	Intensive DM	Extensive DM
Tr.-Intensität in % der Hf_{max}	70-75% (134-144 S/min)	80-85% (154-163 S/min)	50-60% (86-103 S/min)
Tr.-Dauer	50 Minuten	30 Minuten	70 Minuten
Tr.-Gerät	Laufband	Ruderergometer	Fahrrad
Tr.-Umfang	Woche 2. 150 Minuten		
Woche 3	Dienstag	Donnerstag	Sonntag
Trainingsziel	GA 1	GA 2	GA 1
Tr.-Methode	Extensive DM	Variable DM	Extensive DM
Tr.-Intensität in % der Hf_{max}	70-75% (134-144 S/min)	70-75% extensiv (134-144 S/min)	60-75% (115-144 S/min)
		80-85% intensiv 154-163 S/min	
Tr.-Dauer	55 Minuten	45 Minuten 10:10*	70 Minuten
Tr.-Gerät	Laufband	Ruderergometer	Laufband mit 8% Steigung
Tr.-Umfang	Woche 3: 165 Minuten		
Woche 4	Dienstag	Donnerstag	Sonntag
Trainingsziel	GA 1	GA 2	GA 1
Tr.-Methode	Extensive DM	Variable DM	Extensive DM
Tr.-Intensität in % der Hf_{max}	70-75% (134-144 S/min)	70-75% extensiv (134-144 S/min)	60-75% (115-144 S/min)
		80-85% intensiv 154-163 S/min	
Tr.-Dauer	60 Minuten	45 Minuten 5:5*	80 Minuten
Tr.-Gerät	Laufband	Ruderergometer	Crosstrainer
Tr.-Umfang	Woche 4: 185 Minute		

Tabelle 9: Fortsetzung Tabelle 7 Detailplanung Mesozyklus

Woche 5	Dienstag	Donnerstag	Sonntag
Trainingsziel	GA 2	GA 1	RECOM
Tr.-Methode	Intensive DM	Extensive DM	Extensive DM
Tr.-Intensität in % der Hf_{max}	80-85% (154-163 S/min)	70-75% (134-144 S/min)	50-60% (86-103 S/min)
Tr.-Dauer	35 Minuten	65 Minuten	90 Minuten
Tr.-Gerät	Ruderergometer	Laufband	Radergometer
Tr.-Umfang	Woche 5: 190 Minuten		
Woche 6	Dienstag	Donnerstag	Sonntag
Trainingsziel	GA 2	GA 1	GA 2
Tr.-Methode	Intensive DM	Extensive DM	Variable DM
Tr.-Intensität in % der Hf_{max}	80-85% (154-163 S/min)	50-60% (86-103 S/min)	70-75% extensiv (134-144 S/min) 80-85% intensiv 154-163 S/min
Tr.-Dauer	40 Minuten	90 Minuten	50 Minuten 5:5*
Tr.-Gerät	Ruderergometer	Laufband mit 8% Steigerung	Laufband
Tr.-Umfang	Woche 6: 180 Minuten		

*Bei der variablen Dauermethode wird 5-10 Minuten extensiv bei einem Puls von 134-144 S/min und 5-10 Minuten im intensiven Pulsbereich von 154-163 S/min gearbeitet. Beide Trainingsbereiche wechseln sich regelmäßig ab, bis die vorgegebene Gesamtdauer erreicht wird.

3.3 Begündung zum Mesozyklus

3.3.1 Begründung zum angestrebten wöchentlichen Belastungsumfang

Der Kunde gibt einen wöchentlichen Trainingsumfang von 3 Tagen vor. Des weiteren sind für eine langfristige Gesundheitsvorbeugung 3-4 Trainingseinheiten á 45-60 Minuten mit Lauftraining als ideal anzusehen (Neumann, Pfützner & Berbalk, 2013, S.29).

3.3.2 Begründung zu den ausgewählten Trainingsmethoden

Als Grundlage dient die extensive Dauermethode (GA 1) für eine Ökonomisierung der Herzkreislaufarbeit und der Stabilisierung des Leistungsniveau. Die intensive und variable Dauermethode trägt zu einer Erweiterung der aeroben Kapazität bei. (Eisenhut & Zintel, 2013, S.117). Alle drei Ausdauermethoden steigern zudem den Gesamtenergiebedarf und tragen mit dem passendem Ernährungsplan zu einer Reduktion des Körperfettanteils bei (Jeukendrup, 2005, S.338).

3.3.3 Begründung zur Belastungsprogression

Um die Ausdauerleistung zu steigern benötigt der Körper einen trainingswirksamen Reiz möglichst dauerhaft und kontinuierlich mit mindestens zwei bis drei Trainingseinheiten pro Woche. Der Trainingswirksame Reiz kann erreicht werden, in dem der Trainingsplan ein progressive Belastungssteigerung enthält. Die progressive Belastungssteigerung kann mit der Häufigkeit, Umfang und der Intensität gesteuert werden. Die Trainingshäufigkeit kann durch die Vorgabe des Kunden nicht gesteigert werden. Aus diesem Grund wurde der Umfang der einzelnen Belastungen regelmäßig erweitert. Im Anschluss erfolgte eine Intensitätssteigerung in der letzten Woche (Weineck, 2004, S.30).

3.3.4 Begründung zu den angesteuerten Trainingsbereichen

Die angesteuerten Trainingsbereiche wurden so gewählt, dass die Kundenziele optimal erreicht werden. So wurde als Grundlage eine extensive Dauermethode im GA 1 Bereich mit einem Herzfrequenzbereich von 70-75% der Hf_{max} gewählt. Die extensive Dauermethode wird mit einer Belastungsintensität von leicht-mittel bezeichnet und befindet sich unterhalb der anaeroben Schwelle. Die ideale Belastungsdauer für eine solche Trainingseinheit beläuft sich zwischen 30 Minuten und 6 Stunden. In diesem Trainingsbereich wird vor allem die Herz-Kreislauf-Arbeit ökonomisiert, die periphere Durchblutung verbessert und es erfolgt zusätzlich eine Erweiterung des aeroben Stoffwechsels mit einer Verbesserung der Fettverbrennung (Eisenhut & Zintl, 2013, S.118).

Als Ergänzung zu der extensiven Dauermethode wurde die intensive und variable Dauermethode in den Mesozyklus integriert.

Im Gegensatz zur extensiven Dauermethode wird bei der variablen Dauermethode zwischen einer höheren und niedrigeren Belastung in einem fest vorgegebenen Wechsel trainiert. Trotz gleichbleibender mittlerer Intensität können durch die extensiven Intervalle höhere muskuläre Belastungen erreicht werden und somit die Wirkung des Trainings erhöht werden (Wonisch, Hofmann, Förster, Hörtnagl, Ledl-Kurkowski & Pokan, 2016, S. 293). Weiterhin erfolgt durch den Wechsel von Belastungs- und aktiven Erholungsphasen auch ein Wechsel der oxidativen und glykolytischen Energiebereitstellung sowie eine Anpassung beider energetischen Systeme durch die Trainingsbelastung (Gimbel, 2014, S.195). Die Intensität im extensiven Bereich liegt bei 70-75% der Hf_{max}, hier findet nun eine aktive Erholung und eine Laktatkompensation statt. Anschließend erfolgt die intensive Belastungsphase in einem Herzfrequenzbereich von 80-85% der Hf_{max} (vgl. Abbildung 1).

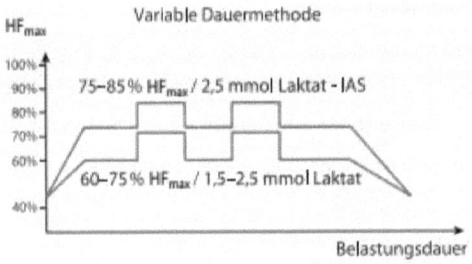

Abbildung 1: Belastungsintensität und -dauer bei der variablen Dauermethode (Gimbel, 2014, S.196).

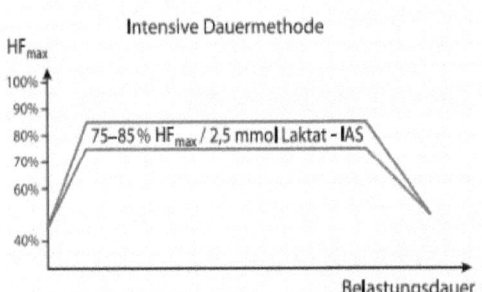

Abbildung 2: Belastungsintensität und -dauer bei der intensiven Dauermethode (Gimbel, 2014, S.195).

Die intensive Dauermethode ist ebenso wie die extensive Dauermethode mit einer gleichbleibenden Trainingsbelastung gekennzeichnet. Im Gegensatz zur extensiven Dauermethode wird hier in einem intensiven Trainingsbereich von 75-85% der Hf_{max} trainiert (vgl. Abbildung 2.), jedoch mit einer geringeren Belastungsdauer. Durch die intensive Dauermethode erfolgt als Anpassungserscheinung eine Vergrößerung der Glykogenspeicher, anfallendes Laktat durch hohe Belastungen kann besser kompensiert werden und die anaerobe Schwelle wird angehoben (Gimbel, 2014, S.195).

3.3.5 Begründung der ausgewählten Ausdauergeräte bzw. Bewegungsformen

Es wurden Ausdauergeräte nach den Vorlieben und Zielen des Kunden ausgewählt. Laufband, Ruderergometer und Crosstrainer beanspruchen vor allem die allgemeine aerobe dynamische Muskelausdauer, welche auch als Grundlagenausdauer bezeichnet werden kann. Durch die Arbeit großer Muskelgruppen wird ein hoher kardiopulmonaler Effekt und Energieverbrauch erzielt, welche sich positiv auf die Körperfettreduktion auswirken können. Eine gut trainierte Grundlagenausdauer trägt zudem zu einer stabileren Gesundheit bei (Weineck, 2004, S.144).

4 Literaturrecherche

4.1 Effekte beim Grundumsatz nach einer Körpergewichtsreduktion durch extensives Ausdauertraining bei schwergewichtigen Frauen und Männern

Wer hat die Studie durchgeführt?	Anagnostou, V. & Schaar, B.
In welchem Jahr wurde die Studie publiziert?	2010
Mit welchen Versuchspersonen wurde die Studie durchgeführt?	30 schwergewichtige Erwachsene (16 Frauen, 14 Männer) mittleren Alters mit folgenden Einschlusskriterien: - Alter zwischen 18 und 45 Jahre - BMI ≥ 40.0 kg/m² - Keine akute oder vorangegangene koronare Herzerkrankung - Keinen unkontrollierten Bluthochdruck - Keine orthopädischen Erkrankungen - Keine Einnahme von Psychopharmaka oder Antihypertensiva
Wie sah der Versuchsaufbau der Studie aus?	Es erfolgte vor und nach dem 26-wöchigem Training ein standardisierter Pre-/Posttest. Die Bestimmung des Grundumsatzes in Ruhe erfolgte mittels indirekter Kalorimetrie in liegender Position nach einer 12-Stunden-Nüchternheit. Es erfolgte mit einem Spirometriegerät eine Messung der körperlichen Leistungsfähigkeit unter standardisierten Bedingungen, dazu erfolgte ein stufenförmiger Belastungstest mittels Fahrradspiroergometrie. Die Messung der Körperzusammensetzung erfolgte durch die Bioelektrische Impedanzanalyse.. 16 Trainingsheiten innerhalb 26 Wochen mit einer Dauer von 45-60 Minuten. Die Basis bildet ein individuell dosiertes submaximales extensives Ausdauertraining mit dem Schwerpunkt aerober Belastungsformen. 3 Trainingseinheiten pro Woche. Die Trainingssteuerung- und kontrolle erfolgte über Herzfrequenzmessung. Trainingsintensität: 65-70% der $VO2_{max}$. Es wurde auch ein strukturiertes Ernährungstraining mit 7 Einheiten angeboten.
Welche relevanten Ergebnisse und Schlussfolgerungen lieferte die Studie?	Ergebnis: Signifikante Reduktion des Körpergewichts, BMI und der Körperfettmasse. Die fettfreie Körpermasse zeigte in beiden Gruppen keine signifikante Veränderung. Schlussfolgerung: Es konnte gezeigt werden, dass durch das Ausdauertraining die fettfreie Körpermasse erhalten blieb und der Körperfettanteil trotzdem signifikant gesenkt werden konnte. Es wird vermutet, dass dies an der höheren Intensität von 65-70% der $VO2_{max}$ liegt.

4.2 Einfluss von therapeutischem Fasten und Ausdauertraining auf den Energiestoffwechsel und die körperlicher Leistungsfähigkeit Adipöser

Wer hat die Studie durchgeführt?	Steiniger, J., Schneider, A., Bergmann, S., Boschmann, M. & Janietz, K.
In welchem Jahr wurde die Studie publiziert?	2009
Mit welchen Versuchspersonen wurde die Studie durchgeführt und wie sah der Versuchsaufbau aus?	Im Jahr 1974-1990 wurde eine Kombination aus Saftfasten nach Buchinger und Ausdauertraining, in Form einer Gruppentherapie zu je 15-20 Patienten getestet mit einer durchschnittlichen Behandlungsdauer von 28 Tagen. Im ersten Schritt erfolgte eine Diät aus Kohlenhydraten (80g aus Obstsäften), Multivitaminpräparaten, Hefetrunk, Mineralwässern, Gemüsebrühen und ca. 3 Liter Wasser täglich. Die Diät wurde mit einer Bewegungstherapie an 6 Tagen pro Woche ergänzt. Es erfolgte vormittags ein Langzeitausdauertraining (Fahrradtour) mit steigernden Belastungen pro Woche bei einer Belastung von 30-40% der maximalen Sauerstoffaufnahme. Am Nachmittag erfolgte ein 30-minütiges Krafttraining. Die Patienten erhielten zusätzlich an 6 Tagen pro Woche eine physiotherapeutische Behandlung oder ein oder mehrere Ernährungsberatungen. Folgende Parameter wurden in den Untergruppen untersucht: Energie-, Kohlenhydrat-, Fett- und Eiweißstoffwechsel in Ruhe als auch unter definierter körperlichen Belastung.
Welche relevanten Ergebnisse und Schlussfolgerungen lieferte die Studie?	Ergebnisse: Zusätzliches Ausdauertraining führte zu einer größeren Abnahme an Körpergewicht und Fettmasse. Die Fettverwertung und körperliche Leistungsfähigkeit wurde erhöht. Die Absenkung des Energieumsatzes pro Kilogramm fettfreier Masse fiel geringer aus. Schlussfolgerung: Ausdauertraining stellt eine notwendige aber auch sinnvolle Ergänzung während des Saftfastens nach Buchinger dar.

5 Literaturverzeichnis

Anganostou, V. & Schaar, B. (2010). Effekte beim Grundumsatz nach einer Körpergewichtsreduktion durch extensives Ausdauertraining bei schwergewichtigen Frauen und Männern. *Brennpunkte der Sportwissenschaft*, 32, 163-169.

Dargatz, T. (2008). *Fußball Konditionstraining: Kraft, Schnelligkeit,Ausdauer und Beweglichkeit* (2., akt. Aufl.). München: Copress

Eisenhut, A. & Zintl, F. (2013). *Ausdauertraining: Grundlagen, Methoden, Trainingssteuerung (8., Aufl)*. München: BLV Buchverlag.

Gallagher, D., Heymsfield, S.B., Heo, M., Jebb, S.A., Murgatroyd, P.R. & Sakamoto, Y. (2000). Healthy percentage body fat ranges: an approach for developing guidelines based on body mass index. *American Journal of Clinical Nutrition*, 72(3), 694-701.

Gimbel, B. (2014). *Körpermanagment: Handbuch für Trainer und Experten in der betrieblichen Gesundheitsförderung*. Wien: Springer.

Institut für Prävention und Nachsorge (IPN). (2004). *IPN-Test® -Ausdauertest für den Fitness- und Gesundheitssport*. Köln: Institut für Prävention und Nachsorge.

Jeukendrup, A. E. (2005). Fettverbrennung und körperliche Aktivität. Deutsche Zeitschrift für Sportmedizin, 56 (9), 337-338.

Kettenis, L. & Eifler, C. (2016). *Studienbrief Trainingslehre II* (Rev.16.020.000). Saarbrücken: Deutsche Hochschule für Prävention und Gesundheitsmanagement.

Mancia, G., Fagard, R., Narkiewicz, K., Redòn, J., Zanchetti, A., Böhm, M. Et al. (2013). 2013 ESH/ESC Guidelines for the management of arterial hyper tensi on. The task for the managment of arterial hypertension of the European Society of Hypertension (ESH) and of the European Society of Cardiology (ESC). *Journal of hypertension*, 31 (7), 1281-1357.

Neumann, G., Pfützner, A., & Berbalk, A. (2013). *Optimiertes Ausdauertraining* (7., überarbeitete Aufl.). Aachen: Meyer & Meyer Verlag.

Steiniger, J., Schneider, A., Bergmann, S., Boschmann, M & Janietz, K. (2009). *Einfluss von therapeutischem Fasten und Ausdauertraining auf den Energiestoffwechsel und die körperlicher Leistungsfähigkeit Adipöser*. Zugriff am 29.06.17. Verfügbar unter https://www.karger.com/Article/ShowPic/258142/?image=000258142-1.jpg

Trunz, E. (2001). *IPN-Test® - Ausdauertest für den Fitness- und Gesundheitssport*. Köln, Institut für Prävention und Nachsorge.

Voss, R. (2006). BWL kompakt. Grundwissen Betriebswirtschaftslehre. In C. Jaschinski (Hrsg.), *Das Kompendium*. Rinteln: Merkur.

Weineck, J. (2003). *Ausdauertraining. Trainingssteuerung über die Herzfrequenz- und Milchsäurebestimmung*. Balingen: Spitta.

Weineck, J. (2004). *Optimales Training: leistungsphysiologische Trainingslehre unter besonderer Berücksichtigung des Kinder- und Jugendtrainings* (14., Aufl.). Erlangen: Spitta.

Wonisch, M., Hofmann, P., Förster, H., Hörtnagl, H., Ledl-Kurkowski, E. & Pokan, R.

(2016). *Kompendium der Sportmedizin: Physiologie, Innere Medizin und Pädiatrie (2., Aufl.).* Wien: Springer.

World Health Organization: FAO/WHO/UNO. (2000). Obesity: *Preventing and managing the global epidemic.* Geneva: Technical Report Series 894.

6 Tabellen- und Abbildungsverzeichnis

6.1 Tabellenverzeichnis

6.2 Abbildungsverzeichnis

BEI GRIN MACHT SICH IHR
WISSEN BEZAHLT

- Wir veröffentlichen Ihre Hausarbeit,
  Bachelor- und Masterarbeit

- Ihr eigenes eBook und Buch -
  weltweit in allen wichtigen Shops

- Verdienen Sie an jedem Verkauf

Jetzt bei www.GRIN.com hochladen
und kostenlos publizieren